I0473454

www.ingramcontent.com/pod-product-compliance
Lightning Source LLC
Chambersburg PA
CBHW072219170526
45158CB00002BA/668
* 9 7 8 1 0 7 0 9 7 0 7 5 2 *